**Kochen ist eine Kunst
und keineswegs
die unbedeutendste.**

Luciano Pavarotti

Inhalt

6 **Infos**
Hier erfährst du Wissenswertes zum Thema Hülsenfrüchte, worauf du achten solltest und wie du sie zubereitest.

8 **Leckeres mit Fleisch und Fisch**
Pure Proteinpower: die Kombination aus Hülsenfrüchten und tierischem Eiweiß.

52 **Einfach vegetarisch**
Bohnen, Linsen und Kichererbsen sind die Stars auf dem Teller.

96 **Süßes mit Bohnen & Co.**
Überraschend lecker: Backen mit Hülsenfrüchten.

108 **Register**
Alle Rezepte übersichtlich nach SmartPoints sortiert und in alphabetischer Reihenfolge.

112 **Impressum**

Rezeptinfos

5 **SmartPoints Wert pro Person / Glas / Stück**

Fertig in
Hier sind alle Vorbereitungsschritte, Marinier-, Gar- und Backzeiten eingerechnet.

Davon aktiv
Diese Zeitangabe sagt dir, wie lange du wirklich mit Schnippeln und Rühren beschäftigt bist.

- vegetarisch
- vegan
- glutenfrei
- laktosefrei
- nussfrei

So geht's
QR-Code scannen und Einkaufslisten entdecken.

Amélie R.
Aysun C.
Alex W.
Rachel L.
WW Teilnehmer

Jetzt WW erleben: ww.com

Kleine Kraftpakete

Bohnen, Erbsen, Linsen & Co. gehören in vielen Ländern zu den Grundnahrungsmitteln, denn sie sind reich an Proteinen, Ballaststoffen, mit hohem Vitamingehalt und nicht zuletzt vielseitig einsetzbar.

Fakten rund um Hülsenfrüchte

- Das proteinreichste pflanzliche Lebensmittel ist die **Sojabohne**. Sie enthält 11 % Eiweiß (im getrockneten Zustand sogar 40 %). Aus ihr wird Pflanzenöl hergestellt. Dies enthält Omega-3-Fettsäuren und mehrfach ungesättigte Fettsäuren. Es ist cholesterinfrei, hat Vitamin B und Mineralstoffe. Sojabohnen gibt es in Asia-Läden, im Reformhaus und bereits in einigen Supermärkten. Sie eignen sich z. B. für Salate, Wok-Gerichte und Bratlinge.

- **Kichererbsen** sind Allroundtalente – du kannst sie in Currys, Salaten, Gemüsepfannen, als Hummus oder aus dem Ofen genießen. Ihr leicht nussiger Geschmack und die sämige Konsistenz verleihen jedem Gericht einen einzigartigen Geschmack. Trockene Kichererbsen müssen erst eingeweicht und dann ca. 30 Minuten gekocht werden.
- **Kidneybohnen**, sind mehlig, leicht süßlich und passen super in Chilis, Tacos oder Burritos. Wenn du sie nicht in der Konserve kaufst, solltest du sie vor dem Kochen einweichen.
- **Rote und gelbe Linsen** schmecken leicht nussig und werden ohne Einweichen ca. 15 Minuten in der doppelten Menge Wasser gekocht. Da sie geschält verkauft werden, sind sie gut verträglich und nehmen Gewürze schnell auf.
- **Tellerlinsen und Erbsen** werden wegen ihrer sämigen Konsistenz häufig für Suppen und Eintöpfe verwendet. **Beluga- oder Puy-Linsen** sind hingegen etwas fester und eignen sich bestens für Salate.

Tipps zur richtigen Vorbereitung

Getrocknete Hülsenfrüchte etwa in der dreifachen Menge Wasser bis zu 12 Stunden einweichen. Schwimmen dabei Früchte oben, solltest du sie aussortieren. Sie werden beim Kochen nicht weich. Wer einen empfindlicheren Magen hat, sollte das Einweichwasser abgießen und die Hülsenfrüchte abspülen. Wird das Einweichwasser weiterverwendet, müsste es auf jeden Fall erhitzt werden, um Bakterien und schädliche Inhaltsstoffe zu beseitigen.

Tricks bei der Zubereitung

Frische Hülsenfrüchte sollten nur gegart verzehrt werden. Die giftigen Stoffe in den rohen Bohnen können Übelkeit, Fieber oder Durchfall auslösen. Natron im Kochwasser hilft, Hülsenfrüchte weich werden zu lassen. Säure sorgt für das Gegenteil, Salz verlängert die Garzeit. Hülsenfrüchte daher erst nach dem Kochen mit Essig, Zitronensaft oder Salz abschmecken.

Leckeres mit Fleisch und Fisch

Chili con Carne mit Putenbrust

Für 2 Personen   Fertig in 35 Min.   Davon aktiv 30 Min.

250 g Putenbrustfilet
1 Zwiebel
1 rote Chilischote
1 Knoblauchzehe
2 rote Paprika
1 TL Rapsöl
Salz, Pfeffer
1/2 TL Cayennepfeffer
400 g passierte Tomaten (Konserve)
125 ml Gemüsebrühe (1/2 TL Instantpulver)
100 g trockener Bulgur
200 g Kidneybohnen (Konserve)
80 g Mais (Konserve)
1 TL Kreuzkümmel

1 Putenbrustfilet abspülen, trocken tupfen und in kleine Würfel schneiden. Zwiebel schälen und würfeln. Chilischote waschen, entkernen und in Ringe schneiden. Knoblauch hacken. Paprika waschen, entkernen und in Streifen schneiden.

2 Öl in einer Pfanne auf hoher Stufe erhitzen, Putenbrustwürfel dazugeben und darin 2–3 Minuten anbraten. Zwiebelwürfel, Chiliringe und Knoblauch dazugeben und kurz mitbraten.

3 Paprikastreifen dazugeben, kurz mitbraten, mit Salz, Pfeffer und Cayennepfeffer würzen, mit Tomaten und Brühe ablöschen und ca. 10 Minuten köcheln lassen.

4 Bulgur nach Packungsanweisung in Salzwasser garen. Kidneybohnen abspülen, mit Mais abtropfen lassen, zum Chili geben und 4–5 Minuten mitkochen. Chili con Carne mit Salz, Pfeffer und Kreuzkümmel würzen und mit Bulgur servieren.

6 **SmartPoints Wert** 2501 kJ | 598 kcal

Kichererbsen-Hack-Auflauf

Für 4 Personen **Fertig in 70 Min.** **Davon aktiv 30 Min.**

600 g festkochende Kartoffeln
500 g Karotten
500 g Broccoli
Salz, Pfeffer
1 Zwiebel
1 Dose Kichererbsen (265 g Abtropfgewicht)
2 TL Olivenöl
400 g Tatar
100 g Schafskäse, 25 % Fett i. Tr.
4 Eier (Größe M)
300 ml fettarme Milch
1 TL gehackter Thymian

1 Kartoffeln und Karotten schälen. Kartoffeln in Würfel und Karotten in Scheiben schneiden. Broccoli waschen und in kleine Röschen teilen. Kartoffelwürfel und Karottenscheiben in Salzwasser ca. 10 Minuten vorgaren. Broccoliröschen ca. 5 Minuten vor Ende der Garzeit dazugeben und mitgaren. Backofen auf 200° C (Gas: Stufe 3, Umluft: 180° C) vorheizen.

2 Zwiebel schälen und würfeln. Kichererbsen abspülen und abtropfen lassen. Öl in einer Pfanne auf mittlerer Stufe erhitzen, Tatar darin krümelig anbraten und mit Salz und Pfeffer würzen. Zwiebelwürfel zugeben und kurz mitbraten. Gemüse abgießen und mit Tatar und Kichererbsen in einer Auflaufform (ca. 20 x 30 cm) mischen.

3 Für den Guss Schafskäse mit einer Gabel zerdrücken. Eier mit Milch verquirlen, Schafskäse untermischen, mit Salz und Pfeffer würzen und mit Thymian verfeinern. Guss über den Auflauf geben und im Backofen auf mittlerer Schiene ca. 40 Minuten garen. Kichererbsen-Hack-Auflauf servieren.

8 **SmartPoints Wert** 2393 kJ | 572 kcal

Pfannenlasagne mit Linsen

Für 4 Personen Fertig in 40 Min. Davon aktiv 25 Min.

1 Zwiebel
1 Zucchini
1 Karotte
2 TL Olivenöl
300 g Tatar
100 g trockene rote Linsen
700 g passierte Tomaten (Konserve)
500 ml Rinderfond (Glas)
1 EL gehackter Thymian
160 g trockene Lasagneblätter
Salz, Pfeffer
250 g Blattspinat (TK)
200 g Hüttenkäse, bis 5 % Fett absolut
20 g geriebener Parmesan

1 Zwiebel schälen und würfeln. Zucchini waschen, Karotte schälen und beides raspeln. Öl in einer großen, ofenfesten Pfanne auf mittlerer Stufe erhitzen und Zwiebelwürfel darin ca. 5 Minuten andünsten. Tatar dazugeben und darin krümelig anbraten.

2 Linsen, Zucchini- und Karottenraspel dazugeben, mit Tomaten und Fond ablöschen, die Hälfte des Thymians dazugeben und aufkochen lassen. Lasagneblätter in Stücke brechen, dazugeben und auf niedriger Stufe unter gelegentlichem Rühren ca. 20 Minuten köcheln lassen. Lasagne mit Salz und Pfeffer abschmecken.

3 Backofen mit Grillfunktion auf 240° C (Gas: Stufe 5, Umluft: 220° C) vorheizen. Spinat auftauen lassen und überschüssige Flüssigkeit ausdrücken. Spinat und Hüttenkäse auf der Lasagne verteilen, mit Parmesan und restlichem Thymian bestreuen und im Backofen auf oberer Schiene ca. 5 Minuten gratinieren. Pfannenlasagne servieren.

8 SmartPoints Wert 2016 kJ | 482 kcal

Beilage

Dazu passt ein knackiger Salat aus je 1 Tomate, Gurke und roter Zwiebel, vermischt mit 1 EL Balsamicoessig, Salz und Pfeffer.

Süßkartoffel-Bohnen-Curry mit Schweinefilet

Für 4 Personen Fertig in 1 Std. 40 Min. Davon aktiv 20 Min.

400 g Schweinefilet
500 ml Gemüsebrühe (2 TL Instantpulver)
250 ml Wasser
4 Kardamomkapseln
1 Sternanis
2 Kaffir-Limettenblätter
2 EL Fischsauce
2 EL Tamarindenpaste
250 g Süßkartoffeln
500 g Stangenbroccoli
200 g grüne Bohnen
2 Frühlingszwiebeln
2 EL Massaman Curry-Würzpaste
300 ml fettreduzierte Kokosmilch
Salz, Pfeffer
1 EL gehackte Erdnüsse

1 Schweinefilet trocken tupfen und würfeln. Schweinefiletwürfel, Brühe, Wasser, Kardamom, Sternanis, Limettenblätter, Fischsauce und 1 EL Tamarindenpaste in einem Topf auf mittlerer bis hoher Stufe aufkochen lassen. Schweinefilet auf niedriger Stufe mit Deckel ca. 1 Stunde köcheln lassen.

2 Süßkartoffeln schälen und würfeln. Broccoli mit Bohnen waschen und beides diagonal halbieren. Frühlingszwiebeln waschen und schräg in Ringe schneiden. Schweinefilet durch ein Sieb abgießen und dabei 250 ml Flüssigkeit auffangen.

3 Den Topf auf mittlerer Stufe erhitzen und Currypaste darin ca. 1 Minute anschwitzen. Mit Kokosmilch und aufgefangener Flüssigkeit ablöschen, restliche Tamarindenpaste dazugeben und aufkochen lassen. Schweinefilet und Süßkartoffelwürfel dazugeben und ca. 25 Minuten köcheln lassen.

4 Broccoli und Bohnen zufügen und ca. 2 Minuten mitkochen. Süßkartoffel-Bohnen-Curry mit Salz und Pfeffer abschmecken und mit Erdnüssen und Frühlingszwiebelringen bestreut servieren.

10 SmartPoints Wert 1642 kJ | 392 kcal

Stangenbroccoli …

… wird auch Spargoli oder Broccolini genannt und ist eine Mischung aus Broccoli und grünem Spargel.

Steak-Fenchel-Salat mit Linsen und Grapefruit

Für 4 Personen Fertig in 20 Min. Davon aktiv 10 Min.

1 1/2 pinke Grapefruits
1 EL Dijonsenf
1 EL Apfelessig
Salz, Pfeffer
600 g Rinderfilet
250 g grüne Linsen (Konserve)
1 Fenchelknolle
1 EL gehackter Dill

1 Für das Dressing Grapefruithälfte auspressen, mit Senf und Essig mischen und mit Salz und Pfeffer abschmecken. Restliche Grapefruit schälen und filetieren.

2 Rinderfilet trocken tupfen und mit Salz und Pfeffer würzen. Eine Pfanne auf hoher Stufe erhitzen und Rinderfilet darin 2–3 Minuten von jeder Seite braten. Rinderfilet herausnehmen, ca. 5 Minuten ruhen lassen und in Streifen schneiden.

3 Linsen abspülen und abtropfen lassen. Fenchel waschen, halbieren, den Strunk entfernen und Fenchel in feine Streifen schneiden. Grapefruitfilets mit Fenchelstreifen, Linsen, der Hälfte des Dills und Dressing mischen. Mit Rinderfiletstreifen und restlichem Dill bestreut servieren.

3 SmartPoints Wert 1474 kJ | 352 kcal

Überbackene Hähnchenburritos mit Mais

Für 2 Personen   Fertig in 45 Min.   Davon aktiv 30 Min.

1 TL Olivenöl
100 g Geflügelhackfleisch (aus Geflügelbrustfilet)
1 EL Tomatenmark
50 ml Wasser
1 kleine Dose Mais (140 g Abtropfgewicht)
1 TL gehackter Koriander
1/2 TL Chilipulver
Salz, Pfeffer
1 kleines Römersalatherz
2 kleine Tortilla Wraps
3 EL saure Sahne
4 EL geriebener Käse, 30 % Fett i. Tr.

1 Backofen auf 200° C (Gas: Stufe 3, Umluft: 180° C) vorheizen. Öl in einer Pfanne auf mittlerer Stufe erhitzen und Geflügelhackfleisch darin krümelig anbraten. Tomatenmark einrühren, kurz anschwitzen, mit Wasser ablöschen und aufkochen. Mais abgießen und mit Koriander untermischen. Hackmasse mit Chilipulver, Salz und Pfeffer kräftig abschmecken.

2 Salat waschen, trocken schleudern und in Streifen schneiden. Wraps nach Packungsanweisung erwärmen. Jeweils mit 1 EL saure Sahne bestreichen, mit einigen Salatstreifen und etwas Hackmasse belegen und aufrollen. Burritos in eine Auflaufform (ca. 15 x 20 cm) legen und mit Käse bestreuen.

3 Hähnchenburritos im Backofen auf mittlerer Schiene ca. 15 Minuten überbacken. Restliche Hack-Mais-Masse mit restlicher saurer Sahne und restlichen Salatstreifen mischen und zu den Hähnchenburritos mit Mais servieren.

7 **SmartPoints Wert** 1465 kJ | 350 kcal

Jakobsmuschelspieße auf Puy-Linsen

Für 2 Personen   Fertig in 55 Min.   Davon aktiv 25 Min.

1 Bund Suppengemüse
1 Zwiebel
2 TL Olivenöl
60 g magere Schinkenwürfel
400 ml Gemüsebrühe (2 TL Instantpulver)
100 g trockene Puy-Linsen
8 küchenfertige Jakobsmuscheln
1 Knoblauchzehe
Salz, Pfeffer
400 g stückige Tomaten (Konserve)
1 TL gehackter Oregano
1 TL gehackter Thymian
1 EL gehackter Kerbel

1 Sellerie und Karotte schälen und in Stücke schneiden. Lauch waschen und in Ringe schneiden. Zwiebel schälen und würfeln. 1 TL Öl in einer Pfanne auf mittlerer Stufe erhitzen und Sellerie-, Karotten- und Zwiebelwürfel mit Lauchringen darin ca. 2 Minuten anbraten. Schinkenwürfel zugeben und weitere ca. 3 Minuten braten. Mit Brühe ablöschen, Linsen zugeben und ca. 35 Minuten garen.

2 Backofen auf 180° C (Gas: Stufe 2, Umluft: 160° C) vorheizen. Jakobsmuscheln abspülen und trocken tupfen. Je 2 Jakobsmuscheln auf einen Holzspieß stecken. Knoblauch pressen und mit restlichem Öl verrühren. Jakobsmuscheln mit Knoblauchöl bestreichen, salzen und pfeffern. In eine Auflaufform (ca. 15 x 15 cm) legen und im Backofen auf mittlerer Schiene ca. 15 Minuten garen.

3 Tomaten zum Linsengemüse geben und weitere ca. 5 Minuten garen. Mit Oregano und Thymian verfeinern und mit Salz und Pfeffer würzen. Jakobsmuschelspieße auf Puy-Linsen mit Kerbel bestreut servieren.

2 SmartPoints Wert   1976 kJ | 472 kcal

Chipotle-Hähnchen mit schwarzen Bohnen

Für 4 Personen   Fertig in 50 Min.   Davon aktiv 25 Min.

1 rote Zwiebel
600 g Hähnchenbrustfilet
2 Karotten
2 Knoblauchzehen
1 EL Olivenöl
Salz, Pfeffer
1 TL gemahlener Koriander
1 TL geräuchertes Paprikapulver
150 g trockener Langkornreis
400 g stückige Tomaten (Konserve)
1 EL Chipotle-Chilisauce
375 ml Wasser
100 g schwarze Bohnen (Konserve)
80 g Mais (Konserve)
60 g Avocadofruchtfleisch
1/4 Bund Koriander

1 Zwiebel schälen und würfeln. Hähnchenbrustfilet abspülen, trocken tupfen und in Stücke schneiden. Karotten schälen und würfeln. Knoblauch pressen. Die Hälfte des Öls in einer großen Pfanne auf mittlerer Stufe erhitzen, Hähnchenbruststücke darin 2–3 Minuten von jeder Seite braten, mit Salz und Pfeffer würzen, herausnehmen und warm stellen.

2 Restliches Öl im Bratensatz erhitzen und Zwiebel-, Karottenwürfel und Knoblauch darin ca. 5 Minuten anbraten. Gemahlenen Koriander, Paprikapulver und Reis dazugeben und ca. 1 Minute mitbraten. Mit Tomaten ablöschen, Chilisauce und Wasser zufügen und aufkochen lassen. Reis-Gemüse-Mischung mit Deckel auf niedriger Stufe ca. 10 Minuten köcheln lassen.

3 Hähnchenbruststücke dazugeben und mit Deckel ca. 10 Minuten garen. Bohnen abspülen, mit Mais abtropfen lassen, dazugeben und mit Deckel ca. 5 Minuten erwärmen. Avocadofruchtfleisch würfeln. Koriander waschen, trocken schütteln und hacken. Chipotle-Hähnchen mit Avocadowürfeln und Koriander bestreut servieren.

6 SmartPoints Wert   1801 kJ | 431 kcal

Tipp

Serviere das Chipotle-Hähnchen mit einem Salat aus 100 g Pflücksalatmischung und beträufle ihn mit dem Saft von 1/2 Zitrone. Der SmartPoints Wert ändert sich nicht.

Erbsensuppe mit Geflügelwürstchen

Für 4 Personen **Fertig in 85 Min.** **Davon aktiv 35 Min.**

1 Bund Suppengemüse
600 g mehligkochende Kartoffeln
1 Zwiebel
4 Stangen Staudensellerie
1 TL Rapsöl
300 g trockene grüne Schälerbsen
1,5 Liter Gemüsebrühe (6 1/2 TL Instantpulver)
1 Knoblauchzehe
4 Geflügelwürstchen
1/2 Bund glatte Petersilie
Salz, Pfeffer
1–2 EL dunkler Balsamicoessig

1 Sellerie und Karotte schälen und in Stücke schneiden. Lauch waschen und in Ringe schneiden. Kartoffeln mit Zwiebel schälen und würfeln. Staudensellerie waschen und in Scheiben schneiden.

2 Öl in einem Topf auf mittlerer Stufe erhitzen und Zwiebelwürfel darin ca. 2 Minuten andünsten. Erbsen dazugeben, mit 1 Liter Brühe ablöschen, aufkochen und auf niedriger Stufe ca. 40 Minuten köcheln lassen.

3 Suppengemüse, Kartoffelwürfel und Selleriescheiben dazugeben, Knoblauch dazupressen, restliche Brühe zufügen und weitere ca. 20 Minuten köcheln lassen.

4 Würstchen schräg in Scheiben schneiden. Petersilie waschen, trocken schütteln und hacken. Würstchenscheiben und Petersilie zur Suppe geben und kurz darin erwärmen. Erbsensuppe mit Salz und Pfeffer abschmecken, mit Essig verfeinern und servieren.

7 **SmartPoints Wert** 2271 kJ | 543 kcal

Das spart Zeit!

Schälerbsen sind für Erbsensuppe super praktisch, denn die Einweichzeit entfällt. Außerdem wird die Suppe schön sämig.

Heute mal veggie

Ersetze die Würstchen durch 200 g Räuchertofu. Einfach gewürfelt in 1 TL Rapsöl anbraten, mit 1 EL Sojasauce ablöschen und am Ende der Garzeit zur Suppe geben. Die SmartPoints reduzieren sich auf 4 pro Person.

Puten-Schalotten-Spieße mit Linsensalat

Für 4 Personen **Fertig in 70 Min.** **Davon aktiv 40 Min.**

1 rote Chilischote
3 Orangen
Salz, Pfeffer
600 g Putensteak
120 g trockene Belugalinsen
125 g Rucola
75 ml Gemüsebrühe
(1/4 TL Instantpulver)
1 EL Zitronensaft
1 TL Senf
1 TL Honig
8 Schalotten
2 TL Olivenöl

1 Chilischote waschen, entkernen und in Ringe schneiden. 1 Orange auspressen. Für die Marinade Chiliringe, 50 ml Orangensaft, Salz und Pfeffer verrühren. Steak abspülen, trocken tupfen und in Stücke schneiden. Mit Marinade in einen Gefrierbeutel geben, gut verkneten und im Kühlschrank ca. 30 Minuten marinieren.

2 Linsen nach Packungsanweisung in Wasser garen. Rucola waschen und trocken schleudern. Für das Dressing restlichen Orangensaft mit Brühe auf 100 ml auffüllen. Mit Zitronensaft, Senf und Honig verrühren und mit Salz und Pfeffer abschmecken. Restliche Orangen filetieren.

3 Schalotten schälen und halbieren. Steakstücke abtropfen lassen und mit Schalottenhälften auf 8 Spieße stecken. Öl in einer Pfanne auf mittlerer bis hoher Stufe erhitzen und Spieße darin ca. 10 Minuten rundherum braten. Rucola mit Orangenfilets, Linsen und Dressing mischen und mit Puten-Schalotten-Spießen servieren.

1 **SmartPoints Wert** 1549 kJ | 370 kcal

Lamm mit Perlcouscous und Kichererbsen

Für 4 Personen Fertig in 20 Min. Davon aktiv 10 Min.

1 Zwiebel
2 Knoblauchzehen
1 Zucchini
3 kleine gelbe Patisson-Kürbisse (ca. 750 g)
400 g Kichererbsen (Konserve)
1/4 Bund Koriander
400 g Lammfilet
1 EL Harissapaste
1 EL Olivenöl
200 g trockener Perlcouscous
400 ml Gemüsebrühe (2 TL Instantpulver)
40 g grüne Erbsen (TK)
Salz, Pfeffer

1 Zwiebel schälen und würfeln. Knoblauch pressen. Zucchini mit Kürbis waschen und würfeln. Kichererbsen abspülen und abtropfen lassen. Koriander waschen, trocken schütteln und hacken.

2 Lammfilet trocken tupfen und von einer Seite mit Harissapaste bestreichen. Die Hälfte des Öls in einer Pfanne auf mittlerer Stufe erhitzen und Lammfilet darin 2–3 Minuten von jeder Seite anbraten. Lammfilet herausnehmen und in Alufolie gewickelt ca. 5 Minuten ruhen lassen.

3 Restliches Öl im Bratensatz erhitzen und Zwiebelwürfel mit Knoblauch darin 4–5 Minuten andünsten. Couscous, Kichererbsen, Zucchini- und Kürbiswürfel dazugeben, mit Brühe ablöschen, aufkochen lassen und auf niedriger Stufe unter gelegentlichem Rühren ca. 8 Minuten köcheln lassen.

4 Erbsen dazugeben, mit Deckel ca. 1 Minute mitköcheln lassen und mit Salz und Pfeffer abschmecken. Lammfilet in Streifen schneiden, mit Koriander bestreuen und mit Perlcouscous servieren.

8 **SmartPoints Wert** 2222 kJ | 531 kcal

Tipp

Der Patisson-Kürbis wird auch Ufo-Kürbis genannt und gehört zu den Gartenkürbissen. Du kannst natürlich auch jede andere Sorte Kürbis für das Gericht verwenden.

Grünkohl-Linsen-Eintopf mit Schinken

Für 2 Personen Fertig in 60 Min. Davon aktiv 25 Min.

1 Zwiebel
2 TL Rapsöl
50 g magere Schinkenwürfel
400 g gehackter Grünkohl (TK)
500 ml Gemüsebrühe (2 TL Instantpulver)
400 g mehligkochende Kartoffeln
1 kleine Dose Linsen (265 g Abtropfgewicht)
1/2 unbehandelte Zitrone
Salz, Pfeffer

1 Zwiebel schälen und würfeln. Öl in einem Topf auf mittlerer Stufe erhitzen und Zwiebel- und Schinkenwürfel darin 2–3 Minuten anbraten. Grünkohl zugeben und unter Rühren ca. 5 Minuten antauen lassen. Mit Brühe ablöschen und ca. 20 Minuten garen.

2 Kartoffeln schälen und würfeln. Linsen abspülen, abtropfen lassen und mit Kartoffelwürfeln zum Grünkohl geben. Eintopf weitere 20–25 Minuten garen. 1 Msp. Zitronenschale abreiben und Zitronenhälfte auspressen. Eintopf mit 1–2 TL Zitronensaft und Zitronenschale verfeinern und mit Salz und Pfeffer abschmecken. Grünkohl-Linsen-Eintopf servieren.

6 SmartPoints Wert 1821 kJ | 435 kcal

Kasseler mit Dicken Bohnen

Für 4 Personen Fertig in 75 Min. Davon aktiv 50 Min.

1 Bund Suppengemüse
Salz, Pfeffer
600 g Kasselerfleisch, gepökelt, roh
1 Lorbeerblatt
250 ml Gemüsebrühe (1 TL Instantpulver)
800 g festkochende Kartoffeln
400 g Dicke Bohnen (TK)
1 EL Speisestärke
3 EL Wasser
1 TL gehacktes Bohnenkraut
3 EL Crème légère

1 Sellerie und Karotte schälen und in Stücke schneiden. Lauch waschen und in Ringe schneiden. Gemüse in einen Bratschlauch geben und mit Salz und Pfeffer würzen. Kasseler trocken tupfen und mit Lorbeerblatt zum Gemüse geben. 3 EL Brühe zugeben, Bratschlauch verschließen und im nicht vorgeheizten Backofen im unteren Drittel bei 180° C (Gas: Stufe 2, Umluft: 160° C) ca. 40 Minuten garen.

2 Kartoffeln schälen und in Salzwasser ca. 20 Minuten garen. Bratschlauch aus dem Ofen nehmen und Lorbeerblatt entfernen. Kasseler mit Gemüse auf einer Platte im ausgeschalteten Backofen warm stellen. Bratensaft in einen Topf geben, mit restlicher Brühe auf 250 ml auffüllen und aufkochen. Bohnen zugeben und auf niedriger Stufe ca. 8 Minuten garen.

3 Stärke mit Wasser anrühren, mit Bohnenkraut zu den Dicken Bohnen geben und weitere ca. 2 Minuten köcheln lassen. Bohnen mit Crème légère verfeinern und mit Salz und Pfeffer abschmecken. Kartoffeln abgießen und mit Kasseler und Dicken Bohnen servieren.

9 SmartPoints Wert 2063 kJ | 493 kcal

Tipp

Falls du keine TK-Bohnen findest, verwende einfach Dicke Bohnen aus dem Glas (375 g Abtropfgewicht).

Linsencurry mit Seelachs

Für 2 Personen   Fertig in 40 Min.   Davon aktiv 25 Min.

2 grüne Paprika
1 rote Paprika
1 Schalotte
1 Stück Ingwer (ca. 2 cm)
250 g Seelachsfilet
2 TL Rapsöl
Currypulver
1 Knoblauchzehe
120 g trockene rote Linsen
125 ml Gemüsebrühe
(1/2 TL Instantpulver)
150 ml fettreduzierte Kokosmilch
Salz, Pfeffer

1 Paprika waschen, entkernen und würfeln. Schalotte schälen und in Streifen schneiden. Ingwer schälen und fein hacken. Seelachsfilet abspülen, trocken tupfen und würfeln.

2 Öl in einem Wok auf mittlerer Stufe erhitzen, Seelachswürfel mit Ingwer darin ca. 3 Minuten rundherum anbraten, mit 1/2 TL Currypulver würzen und herausnehmen.

3 Knoblauch pressen, mit Schalottenstreifen und Linsen im Bratensatz kurz anschwitzen, mit Brühe und Kokosmilch ablöschen und 15–17 Minuten garen. Paprikawürfel nach ca. 4 Minuten dazugeben und mitgaren.

4 Seelachswürfel vorsichtig unter das Linsencurry heben und kurz erwärmen. Mit Salz, Pfeffer und Currypulver abschmecken und nach Wunsch mit Thaibasilikum garniert servieren.

7 **SmartPoints Wert**   2223 kJ | 531 kcal

Brasilianische Feijoada

Für 6 Personen   Fertig in 2 Std. 15 Min.   Davon aktiv 20 Min.

200 g trockene schwarze Bohnen
200 g Schweinefilet
40 g Bauchspeck
200 g Bratwurst
1 Zwiebel
3 Knoblauchzehen
1 EL Olivenöl
1 Lorbeerblatt
2 EL Schnittlauchringe
2 EL gehackte Petersilie
400 ml Wasser
Salz, Pfeffer

1 Bohnen in einer großen Schüssel mit 1 Liter Wasser bedecken und über Nacht einweichen. Schweinefilet trocken tupfen und in Würfel schneiden. Speck hacken und Bratwurst in dünne Scheiben schneiden. Zwiebel schälen und fein würfeln. Knoblauch hacken.

2 Öl in einem Topf auf mittlerer Stufe erhitzen und Schweinefiletwürfel, Wurstscheiben und Speck darin 5–6 Minuten anbraten. Zwiebelwürfel, Knoblauch, Lorbeerblatt, Schnittlauch und Petersilie dazugeben und unter ständigem Rühren weitere ca. 10 Minuten garen.

3 Mit 300 ml Wasser ablöschen und weitere ca. 30 Minuten köcheln lassen. Bohnen samt Einweichwasser dazugeben und weitere ca. 40 Minuten köcheln lassen, dabei gelegentlich restliches Wasser nachgießen, sodass der Eintopf leicht bedeckt ist. Mit einem Schaumlöffel gegebenenfalls Schaum entfernen.

4 Feijoada mit Salz und Pfeffer würzen und weitere ca. 20 Minuten köcheln lassen, bis der Eintopf eindickt. Feijoada servieren.

5 SmartPoints Wert   1223 kJ | 292 kcal

Wusstest du schon?

Feijoada ist ein würziger Eintopf mit Bohnen, Schweinefleisch und Würsten und gilt in Brasilien als Nationalgericht.

Steakwraps mit Kidneybohnenpaste

Für 4 Personen **Fertig in 25 Min.** **Davon aktiv 25 Min.**

100 g Avocadofruchtfleisch
1 rote Spitzpaprika
1 Dose Kidneybohnen (250 g Abtropfgewicht)
3 EL Magermilchjoghurt
1/2 TL Chilipulver
3 TL Zitronensaft
1 Knoblauchzehe
1 EL gehackte Petersilie
Salz, Pfeffer
300 g Rinderhüftsteak
2 TL Rapsöl
1/2 TL Kreuzkümmel
4 große Tortilla Wraps

1 Avocadofruchtfleisch würfeln. Paprika waschen, entkernen und in Streifen schneiden. Kidneybohnen abspülen, abtropfen lassen und mit Joghurt, Chilipulver und 1 TL Zitronensaft grob pürieren. Knoblauch dazupressen. Petersilie unterrühren und Kidneybohnenpaste mit Salz und Pfeffer abschmecken.

2 Steak trocken tupfen und in Streifen schneiden. Öl in einer Pfanne auf hoher Stufe erhitzen und Steakstreifen darin ca. 3 Minuten rundherum braten. Mit Kreuzkümmel, Salz und Pfeffer würzen.

3 Wraps nach Packungsanweisung erwärmen. Mit Kidneybohnenpaste bestreichen, mit Avocadowürfeln, Steak- und Paprikastreifen belegen, mit restlichem Zitronensaft beträufeln und aufrollen. Steakwraps servieren.

10 **SmartPoints Wert** 1970 kJ | 471 kcal

So schmeckt's auch

Anstatt mit Kidneybohnen kannst du die Bohnenpaste auch mit weißen oder schwarzen Bohnen herstellen.

Garnelenspieße mit Bohnen

Für 2 Personen   Fertig in 30 Min.   Davon aktiv 30 Min.

400 g mehligkochende Kartoffeln
500 g grüne Bohnen
Salz, Pfeffer
1 TL Honig
1 EL heller Balsamicoessig
1/2 TL gemahlener Ingwer
4 EL Peperonisud
200 g küchenfertige Garnelen (frisch oder TK)
2 Schalotten
1 TL Olivenöl
1 eingelegte Peperoni ohne Öl
1 Knoblauchzehe
3 EL Frischkäse, bis 5 % Fett absolut

1 Kartoffeln schälen und Bohnen waschen. Kartoffeln in Salzwasser ca. 20 Minuten und Bohnen ca. 15 Minuten garen.

2 Honig, Essig und Ingwer mit 2 EL Peperonisud zu einer Marinade verrühren und mit Salz und Pfeffer würzen. Garnelen gegebenenfalls auftauen lassen, abspülen, trocken tupfen und in der Marinade wenden, restliche Marinade beiseitestellen. Garnelen auf 4 Holzspieße stecken.

3 Schalotten schälen und würfeln. Öl in einer Pfanne auf mittlerer Stufe erhitzen, Spieße darin ca. 2 Minuten von jeder Seite braten und herausnehmen. Schalottenwürfel im Bratensatz andünsten. Bohnen abgießen, mit restlicher Marinade zu den Schalottenwürfeln geben und kurz darin schwenken.

4 Peperoni hacken. Kartoffeln abgießen, Knoblauch dazupressen und mit restlichem Peperonisud und Frischkäse stampfen. Peperoni unterrühren und mit Salz und Pfeffer abschmecken. Garnelenspieße mit Bohnen und Peperonipüree servieren.

6 SmartPoints Wert   1531 kJ | 366 kcal

Pikanter Kichererbsen-Linsen-Salat

Für 4 Personen   Fertig in 30 Min.   Davon aktiv 15 Min.

100 g trockene rote Linsen
200 ml Gemüsebrühe
(1 TL Instantpulver)
400 g Kichererbsen
(Konserve)
1 kleine Gemüsezwiebel
400 g Baby-Blattspinat
2 Knoblauchzehen
400 g Magermilchjoghurt
Salz, Pfeffer
1/4 TL Kurkuma
1 Bund Koriander
200 g magere Schinkenwürfel

1 Linsen ca. 10 Minuten in Brühe garen, abgießen und ca. 10 Minuten abkühlen lassen. Kichererbsen abspülen und abtropfen lassen. Zwiebel schälen und in Streifen hobeln. Spinat waschen und trocken schleudern.

2 Knoblauch fein hacken und mit Joghurt verrühren. Mit Salz, Pfeffer und Kurkuma abschmecken. Koriander waschen, trocken schütteln, hacken und unter das Dressing rühren.

3 Linsen, Kichererbsen, Zwiebelstreifen und Spinat mischen und Dressing unterheben. Kichererbsen-Linsen-Salat mit Schinkenwürfeln bestreut servieren.

1 SmartPoints Wert 1445 kJ | 345 kcal

Lammkarree mit grünen Bohnen

Für 2 Personen   Fertig in 45 Min.   Davon aktiv 30 Min.

200 g Lammkarree (mit Knochen)
Salz, Pfeffer
2 Knoblauchzehen
2 TL Olivenöl
500 g grüne Bohnen
1 EL Pinienkerne
1 TL gehackter Thymian
1 TL gehackter Rosmarin
2 TL Senf
125 ml Gemüsebrühe (1/2 TL Instantpulver)
1 TL Speisestärke
1 EL Wasser

1 Backofen auf 200° C (Gas: Stufe 3, Umluft: 180° C) vorheizen. Lammkarree abspülen, trocken tupfen, salzen und pfeffern. Knoblauch pressen. 1 TL Öl in einer Pfanne auf hoher Stufe erhitzen und Lamm mit Knoblauch darin ca. 5 Minuten rundherum anbraten.

2 Lamm herausnehmen und in eine Auflaufform (ca. 20 x 30 cm) geben. Im Backofen auf mittlerer Schiene ca. 15 Minuten garen. Bohnen waschen und in Salzwasser 15–20 Minuten garen.

3 Pinienkerne mit restlichem Öl, Salz, Pfeffer, Thymian und Rosmarin pürieren. Lamm herausnehmen, mit Senf und Pinienkernmasse bestreichen und weitere ca. 5 Minuten überbacken.

4 Lamm aus dem Backofen nehmen. Für die Sauce Bratensatz in die Pfanne geben und mit Brühe auffüllen. Stärke mit Wasser vermischen, einrühren und aufkochen. Sauce mit Salz und Pfeffer abschmecken. Bohnen abgießen, mit Lammkarree und Sauce servieren. Nach Wunsch mit Kräutern garnieren.

11 **SmartPoints Wert**   1635 kJ | 391 kcal

Italienische Fischsuppe

Für 6 Personen Fertig in 35 Min. Davon aktiv 25 Min.

2 Tomaten
1 Zwiebel
1 Knoblauchzehe
1 rote Paprika
125 g Zuckererbsenschoten
1 EL Olivenöl
400 g passierte Tomaten (Konserve)
400 ml Fischfond (Glas)
500 g weiße Bohnen (Konserve)
200 g weißes Heilbuttfilet
250 g küchenfertige Garnelen
2 TL gehackte italienische Kräuter
Salz, Pfeffer

1. Tomaten kreuzweise einschneiden, mit kochendem Wasser überbrühen und häuten. Zwiebel schälen und mit Tomaten würfeln. Knoblauch pressen. Paprika waschen, entkernen und würfeln. Zuckererbsenschoten waschen und in mundgerechte Stücke schneiden.

2. Öl in einem großen Topf auf mittlerer Stufe erhitzen und Tomaten-, Paprika-, Zwiebelwürfel, Knoblauch und Zuckererbsenschotenstücke darin ca. 5 Minuten anbraten. Mit passierten Tomaten und Fond ablöschen. Bohnen abspülen, abtropfen lassen, zufügen und ca. 10 Minuten köcheln lassen.

3. Heilbuttfilet und Garnelen abspülen und trocken tupfen. Heilbuttfilet würfeln und mit Garnelen in den Topf geben. Suppe weitere ca. 5 Minuten köcheln lassen. Mit Kräutern verfeinern, mit Salz und Pfeffer abschmecken und italienische Fischsuppe servieren.

1 SmartPoints Wert 977 kJ | 234 kcal

Linsen-Graupen-Eintopf

Für 4 Personen **Fertig in 55 Min.** **Davon aktiv 20 Min.**

4 Stangen Lauch
3 Stangen Staudensellerie
2 Petersilienwurzeln
400 g Hähnchenbrustfilet
2 TL Rapsöl
Salz, Pfeffer
160 g trockene braune Linsen
1,5 Liter Gemüsebrühe
(6 1/2 TL Instantpulver)
120 g trockene Graupen
1 TL Paprikapulver
1 TL Kurkuma

1 Lauch und Sellerie waschen, Lauch in Ringe und Sellerie in Scheiben schneiden. Petersilienwurzeln schälen und würfeln. Hähnchenbrustfilet abspülen, trocken tupfen und in Streifen schneiden.

2 Öl in einem Topf auf mittlerer bis hoher Stufe erhitzen, Hähnchenstreifen darin ca. 3 Minuten rundherum braten, salzen, pfeffern und herausnehmen. Lauchringe, Selleriescheiben und Petersilienwurzelwürfel im Bratensatz ca. 5 Minuten andünsten.

3 Linsen zufügen, mit Brühe ablöschen und mit Deckel ca. 15 Minuten garen. Graupen einrühren und mit Deckel weitere ca. 20 Minuten garen. Hähnchenstreifen unterheben und kurz erwärmen. Linsen-Graupen-Eintopf mit Paprikapulver und Kurkuma würzen, mit Salz und Pfeffer abschmecken, nach Wunsch mit Petersilie garnieren und servieren.

4 **SmartPoints Wert** 1878 kJ | 449 kcal

Einfach vegetarisch

Falafelsalat mit Joghurt-Minz-Dressing

Für 1 Person Fertig in 30 Min. Davon aktiv 20 Min.

1 kleine rote Zwiebel
125 g Pflücksalatmischung (Kühltheke)
100 g Cocktailtomaten
1 rote Paprika
1 EL gehackte Minze
4 EL Sojajoghurt, Natur, bis 55 kcal/100 g
1 TL Limettensaft
Salz, Pfeffer
100 g Kichererbsen (Konserve)
1 TL Kartoffelstärke
1 TL gehackte Petersilie
1 TL Kreuzkümmel
1 TL Rapsöl

1 Zwiebel schälen und würfeln. Salat waschen und trocken schleudern. Tomaten waschen und halbieren. Paprika waschen, entkernen und in Streifen schneiden. Für das Dressing Minze mit Sojajoghurt, Limettensaft, Salz und Pfeffer verrühren.

2 Für die Falafeln Kichererbsen abspülen, abtropfen lassen und mit der Hälfte der Zwiebelwürfel, Stärke, Petersilie, Kreuzkümmel, Salz und Pfeffer pürieren. Aus der Masse 8 Bällchen formen.

3 Öl in einer Pfanne auf mittlerer bis hoher Stufe erhitzen und Falafeln darin 7–8 Minuten rundherum braten. Salat, Tomatenhälften, Paprikastreifen, restliche Zwiebelwürfel und Dressing vermischen, Falafeln darauf anrichten und Falafelsalat servieren.

2 SmartPoints Wert 1528 kJ | 365 kcal

Bohnen-Quesadillas mit Süßkartoffel

Für 4 Personen Fertig in 50 Min. Davon aktiv 20 Min.

300 g Süßkartoffeln
2 TL Olivenöl
Salz, Pfeffer
400 g schwarze Bohnen (Konserve)
250 g Cocktailtomaten
1/4 Bund Koriander
2 unbehandelte Limetten
75 g geriebener Käse, 30 % Fett i. Tr.
4 kleine Tortilla Wraps
100 g Magermilchjoghurt
100 g Pflücksalatmischung (Kühltheke)

1 Backofen auf 200° C (Gas: Stufe 3, Umluft: 180° C) vorheizen. Süßkartoffeln schälen, würfeln und mit Öl, Salz und Pfeffer mischen. Süßkartoffelwürfel in eine Auflaufform (ca. 20 x 30 cm) füllen, im Backofen auf mittlerer Schiene ca. 30 Minuten garen und kurz abkühlen lassen.

2 Bohnen abspülen und abtropfen lassen. Tomaten waschen und vierteln. Koriander waschen, trocken schütteln und hacken. 1 TL Limettenschale abreiben und 1 Limette auspressen. Restliche Limette in Spalten schneiden. Bohnen mit Tomatenvierteln, Limettensaft, Koriander, Käse und Süßkartoffelwürfeln mischen.

3 1 Wrap in einer Pfanne auf mittlerer Stufe erhitzen, mit der Hälfte der Bohnenmischung belegen, dabei einen kleinen Rand lassen. Mit weiterem Wrap abdecken und 3–4 Minuten anbraten. Quesadilla mit Hilfe eines Tellers oder Pfannenwenders wenden und weitere 3–4 Minuten braten. Mit restlichen Wraps und restlicher Füllung wiederholen.

4 Limettenschale mit Joghurt verrühren. Salat waschen und trocken schleudern. Quesadillas vierteln und mit Salat, Joghurt und Limettenspalten servieren.

9 SmartPoints Wert 1704 kJ | 407 kcal

Orientalischer Couscous-Kichererbsen-Salat

Für 4 Personen Fertig in 25 Min. Davon aktiv 25 Min.

160 g trockener Couscous
200 ml Gemüsebrühe (1 TL Instantpulver)
1 TL Kurkuma
1 kleine Gemüsezwiebel
5 Tomaten
1 Granatapfel
2 TL Sesamöl
4 EL Orangensaft
1 TL Zitronensaft
Salz, Pfeffer
1 TL Kreuzkümmel
100 g Kichererbsen (Konserve)
1 EL Mandelstifte
2 EL gehackte Minze

1 Couscous nach Packungsanweisung in Brühe mit Kurkuma garen. Zwiebel schälen und würfeln. Tomaten waschen und in Würfel schneiden. Granatapfel halbieren und die Kerne mit einem Löffel herauslösen.

2 Für das Dressing Öl mit Orangen- und Zitronensaft verrühren und mit Salz, Pfeffer und Kreuzkümmel würzen. Kichererbsen abspülen und abtropfen lassen. Zwiebel- und Tomatenwürfel mit Couscous, Kichererbsen, Granatapfelkernen, Mandeln, Minze und Dressing mischen. Couscous-Kichererbsen-Salat mit Salz und Pfeffer abschmecken und servieren.

6 SmartPoints Wert 1259 kJ | 301 kcal

Spicy!

Verfeinere deinen Couscous-Kichererbsen-Salat mit etwas Kubebenpfeffer. Er hat eine milde Schärfe und ein blumiges Aroma. Kubebenpfeffer ist außerdem Bestandteil der Gewürzmischung Ras el-Hanout und passt somit perfekt zu orientalischen Gerichten.

Linsen-Pilz-Salat mit Rucola

Für 2 Personen Fertig in 20 Min. Davon aktiv 20 Min.

500 g Champignons
200 g Linsen (Konserve)
1 TL Olivenöl
1 EL dunkler Balsamicoessig
Salz, Pfeffer
2 EL Pinienkerne
1 Handvoll Rucola
70 g Schafskäse, bis 25 % Fett i. Tr.
2 Scheiben Baguette

1 Champignons trocken abreiben und vierteln. Linsen abspülen und abtropfen lassen. Öl in einer Pfanne auf hoher Stufe erhitzen und Champignonviertel darin 7–8 Minuten braten. Linsen dazugeben, kurz erwärmen, mit Essig ablöschen, mit Salz und Pfeffer würzen und leicht abkühlen lassen.

2 Pinienkerne fettfrei in einer Pfanne auf niedriger bis mittlerer Stufe 2–3 Minuten rösten. Rucola waschen und trocken schleudern.

3 Schafskäse zerbröseln und mit Rucola, Pinienkernen und Linsen-Pilz-Mischung vermengen. Linsen-Pilz-Salat mit Salz und Pfeffer abschmecken und mit Baguette servieren.

6 SmartPoints Wert 1500 kJ | 359 kcal

Dicke-Bohnen-Pfanne mit Spätzle

Für 2 Personen Fertig in 30 Min. Davon aktiv 20 Min.

1 kleine Zwiebel
1 kleiner Spitzkohl (ca. 600 g)
100 g trockene Spätzle
Salz, Pfeffer
1 Glas Dicke Bohnen (375 g Abtropfgewicht)
1 TL Rapsöl
150 ml Gemüsebrühe (1/2 TL Instantpulver)
60 g geriebener Käse, 30 % Fett i. Tr.
1 EL gehackte Petersilie

1 Zwiebel schälen und in Würfel schneiden. Spitzkohl putzen, vierteln, den Strunk entfernen und Spitzkohl in Streifen schneiden. Spätzle nach Packungsanweisung in Salzwasser garen. Bohnen abspülen und abtropfen lassen.

2 Öl in einer Pfanne auf mittlerer Stufe erhitzen und Zwiebelwürfel mit Spitzkohlstreifen darin 2–3 Minuten anbraten. Bohnen zufügen, mit Brühe ablöschen und ca. 10 Minuten dünsten.

3 Spätzle abgießen, unter das Gemüse heben und mit Salz und Pfeffer abschmecken. Käse zufügen und schmelzen lassen. Dicke-Bohnen-Pfanne mit Petersilie bestreut servieren.

8 **SmartPoints Wert** 2171 kJ | 519 kcal

Mehr Abwechslung?

Teste das Rezept mit Erbsen statt dicker Bohnen.

Samosas mit Kartoffel-Erbsen-Füllung

Für 2 Personen Fertig in 60 Min. Davon aktiv 20 Min.

100 g Mehl
Salz, Pfeffer
60 ml Wasser
1 TL Erdnussöl
150 g mehligkochende Kartoffeln
2 EL Erbsen (TK)
1/2 TL Kurkuma
1/4 TL Kreuzkümmel
1/4 TL Garam Masala
1/4 TL Cayennepfeffer
1 TL gehackte Minze
150 g Magermilchjoghurt
1 EL gehackter Koriander
1 TL Limettensaft

1 Mehl, 1 TL Salz, Wasser und Öl zu einem glatten Teig verkneten und ca. 30 Minuten ruhen lassen. Kartoffeln schälen, in kleine Würfel schneiden und in Salzwasser ca. 20 Minuten garen. Erbsen ca. 10 Minuten vor Ende der Garzeit dazugeben und mitgaren.

2 Kartoffelwürfel und Erbsen abgießen und grob zerstampfen. Mit Kurkuma, Kreuzkümmel, Garam Masala, Salz und Cayennepfeffer würzen und ca. 10 Minuten abkühlen lassen.

3 Backofen auf 180° C (Gas: Stufe 2, Umluft: 160° C) vorheizen. Teig in 4 Portionen zwischen Backpapier rund (Ø ca. 15 cm) ausrollen und halbieren. Kartoffel-Erbsen-Püree mit Minze verfeinern und jeweils etwas Füllung auf eine Hälfte eines Halbkreises geben, andere Hälfte umklappen und fest zusammendrücken.

4 Samosas auf einem mit Backpapier ausgelegten Backblech verteilen und im Backofen auf mittlerer Schiene ca. 20 Minuten backen. Für den Dip Joghurt mit Koriander und Limettensaft verrühren und mit Salz und Pfeffer abschmecken. Samosas mit Koriander-Joghurt-Dip servieren.

7 SmartPoints Wert 1263 kJ | 302 kcal

Go to Asia

Samosas gehören in Indien zum klassischen Streetfood. Meist werden sie frittiert, aber in der Backofen-Variante schmeckt's mindestens genauso gut.

Mexikanisches Gemüseblech mit Bohnen und Mais

Für 4 Personen **Fertig in 35 Min.** **Davon aktiv 20 Min.**

1 rote Zwiebel
2 Maiskolben
2 rote Paprika
400 g schwarze Bohnen (Konserve)
200 g Cocktailtomaten
Salz, Pfeffer
1 TL Taco-Würzmischung
250 ml Gemüsebrühe (1 TL Instantpulver)
60 g Avocadofruchtfleisch
1 Limette
2 EL gehackter Koriander

1 Backofen auf 200° C (Gas: Stufe 3, Umluft: 180° C) vorheizen. Zwiebel schälen und in Spalten schneiden. Maiskolben waschen, längs halbieren und je in 3 Scheiben schneiden. Paprika waschen, entkernen und in Stücke schneiden. Bohnen abspülen und abtropfen lassen. Tomaten waschen.

2 Zwiebelspalten, Maiskolbenscheiben, Paprikastücke und Bohnen in einer Auflaufform (ca. 20 x 30 cm) verteilen und mit Salz, Pfeffer und Taco-Würzmischung würzen. Brühe dazugeben und Tomaten darauf verteilen. Gemüse im Backofen auf mittlerer Schiene ca. 20 Minuten garen.

3 Avocadofruchtfleisch mit einer Gabel zerdrücken und mit Salz und Pfeffer würzen. Limette in Spalten schneiden. Mexikanisches Gemüseblech mit Koriander bestreuen und mit Avocadomus und Limettenspalten servieren.

1 **SmartPoints Wert** 1057 kJ | 253 kcal

Gemischter Bohnensalat mit Schafskäse

Für 4 Personen Fertig in 20 Min. Davon aktiv 15 Min.

200 g Zuckererbsenschoten
100 g Stangenbohnen
100 g grüne Bohnen
Salz, Pfeffer
3 Frühlingszwiebeln
50 g Erbsensprossen
250 g vorgegarte Rote Bete (vakuumverpackt)
1 kleine unbehandelte Zitrone
1 Knoblauchzehe
1 EL Olivenöl
1 Prise Zucker
1 TL Dijonsenf
100 g Schafskäse, 25 % Fett i. Tr.

1 Zuckererbsenschoten mit Stangenbohnen und grünen Bohnen waschen. Bohnen in Stücke schneiden und alles ca. 3 Minuten in Salzwasser garen. Bohnen mit Zuckererbsenschoten abgießen, abschrecken und abtropfen lassen.

2 Frühlingszwiebeln waschen und schräg in dünne Ringe schneiden. Erbsensprossen waschen. Rote Bete würfeln und mit Bohnen, Zuckererbsenschoten, Erbsensprossen und Frühlingszwiebelringen mischen.

3 1 TL Zitronenschale abreiben und Zitrone auspressen. Knoblauch pressen und mit Zitronensaft, -schale, Öl, Zucker und Senf verrühren. Schafskäse zerbröseln und mit restlichen Salatzutaten und Dressing mischen. Bohnensalat mit Salz und Pfeffer abschmecken und servieren.

2 SmartPoints Wert 657 kJ | 157 kcal

Spinat-Tomaten-Lasagne mit Linsen

Für 6 Personen **Fertig in 45 Min.** **Davon aktiv 15 Min.**

1 große Zwiebel
3 Knoblauchzehen
2 Zucchini
2 Stangen Staudensellerie
2 Karotten
2 TL Rapsöl
2 EL gehackter Oregano
1 TL Zucker
800 g stückige Tomaten (Konserve)
100 ml trockener Rotwein
250 g Baby-Blattspinat
400 g grüne Linsen (Konserve)
Salz, Pfeffer
450 ml fettarme Milch
25 g Speisestärke
1 Prise geriebene Muskatnuss
6 trockene Lasagneblätter
125 g Cocktailtomaten
75 g geriebener Parmesan, z. B. Montello

1 Backofen auf 190° C (Gas: Stufe 3, Umluft: 170° C) vorheizen. Zwiebel schälen und fein würfeln. Knoblauch pressen. Zucchini und Sellerie waschen, Karotten schälen und alles würfeln.

2 Öl in einer Pfanne auf mittlerer Stufe erhitzen und Gemüse darin 5–10 Minuten anbraten. Oregano, Zucker, Tomaten und Wein dazugeben und ca. 15 Minuten garen. Spinat waschen, trocken schleudern und 1 Handvoll beiseitelegen. Linsen abspülen, abtropfen lassen, mit Spinat unter das Gemüse rühren und Spinat zusammenfallen lassen. Sauce mit Salz und Pfeffer abschmecken.

3 Milch und Stärke in einem Topf auf niedriger Stufe aufkochen, ca. 3 Minuten köcheln lassen, bis die Sauce eindickt und mit Salz, Pfeffer und Muskatnuss würzen. Die Hälfte der Tomatensauce in eine Auflaufform (ca. 20 x 30 cm) füllen, 3 Lasagneblätter darauf verteilen, restliche Tomatensauce und die Hälfte der hellen Sauce darübergießen. Restliche Lasagneblätter darauf verteilen und mit restlicher heller Sauce begießen.

4 Cocktailtomaten waschen, halbieren und mit restlichem Spinat auf die Lasagne geben. Mit Parmesan bestreuen und im Backofen auf mittlerer Schiene ca. 40 Minuten garen. Spinat-Tomaten-Lasagne servieren.

7 SmartPoints Wert 1406 kJ | 336 kcal

Röstkarotten-Hummus mit Pumpernickel

Für 1 Person Fertig in 35 Min. Davon aktiv 15 Min.

2 Karotten
1 TL Olivenöl
Salz, Pfeffer
1 TL gehackter Thymian
1/2 unbehandelte Zitrone
1/2 Salatgurke
1 Scheibe Pumpernickel
100 g Kichererbsen (Konserve)

1 Backofen auf 180° C (Gas: Stufe 2, Umluft: 160° C) vorheizen. Karotten schälen, längs halbieren, in eine Auflaufform (ca. 20 x 20 cm) geben, mit Öl beträufeln, mit Salz und Pfeffer würzen und mit Thymian bestreuen. Karotten im Backofen auf mittlerer Schiene ca. 25 Minuten backen.

2 1/2 TL Zitronenschale abreiben und Zitronenhälfte auspressen. Gurke waschen und in Stifte schneiden. Pumpernickel diagonal vierteln und fettfrei in einer Pfanne auf mittlerer Stufe 2–3 Minuten von jeder Seite rösten.

3 Kichererbsen abtropfen lassen und mit Röstkarotten, Zitronenschale, 2 TL Zitronensaft, Salz und Pfeffer pürieren. Röstkarotten-Hummus mit Pumpernickel und Gurkensticks servieren.

4 SmartPoints Wert 1508 kJ | 360 kcal

Erbsen-Quinoa-Burger mit Minze

Für 2 Personen Fertig in 30 Min. Davon aktiv 25 Min.

30 g trockene helle Quinoa
Salz, Pfeffer
4 EL Erbsen (TK)
1 Tomate
4 Blätter Lollo bianco
4 EL Frischkäse, bis 5 % Fett absolut
1 TL Senf
1 TL Zitronensaft
1 Eigelb (Größe M)
1 EL Mehl
2 TL gehackte Minze
1 TL Olivenöl
2 Mehrkorn-Toastbrötchen

1 Quinoa in Salzwasser ca. 15 Minuten garen. Erbsen ca. 10 Minuten in Salzwasser garen. Tomate waschen und in dünne Scheiben schneiden. Salat waschen und trocken schütteln. Für die Creme Frischkäse mit Senf, Zitronensaft, Salz und Pfeffer verrühren.

2 Erbsen abgießen, zerstampfen, mit Quinoa, Eigelb, Mehl, Minze, Salz und Pfeffer vermengen und zu 2 Patties formen. Öl in einer Pfanne auf mittlerer Stufe erhitzen und Erbsen-Quinoa-Patties darin 4–5 Minuten von jeder Seite braten.

3 Toastbrötchen aufschneiden, rösten und mit Creme bestreichen. Untere Hälften mit Salat, Tomatenscheiben und Erbsen-Quinoa-Patties belegen und mit oberen Hälften abdecken. Erbsen-Quinoa-Burger servieren.

8 SmartPoints Wert 1506 kJ | 360 kcal

Aubergine mit Linsenfüllung

Für 1 Person   Fertig in 45 Min.   Davon aktiv 15 Min.

1 Aubergine
100 g Linsen (Konserve)
1 Zweig Thymian
1 Schalotte
1 TL Olivenöl
1 TL Tomatenmark
Salz, Pfeffer
100 g Magerquark
1/2 TL gehackte Petersilie
1/2 TL Schnittlauchringe
1 TL Zitronensaft

1 Backofen auf 200° C (Gas: Stufe 3, Umluft: 180° C) vorheizen. Aubergine waschen, längs halbieren und das Fruchtfleisch aushöhlen, dabei einen ca. 1 cm dicken Rand und Boden stehen lassen. Auberginenfruchtfleisch hacken.

2 Linsen abspülen und abtropfen lassen. Thymian waschen, trocken schütteln und hacken. Schalotte schälen und in Würfel schneiden. Öl in einer Pfanne auf mittlerer Stufe erhitzen und Schalottenwürfel mit Linsen und Auberginenfruchtfleisch darin ca. 5 Minuten anbraten.

3 Tomatenmark dazugeben, kurz mitbraten, mit Salz und Pfeffer würzen und mit Thymian verfeinern. Auberginenhälften salzen, mit Linsenmasse füllen, auf ein mit Backpapier ausgelegtes Backblech legen und im Backofen auf mittlerer Schiene 25–30 Minuten backen.

4 Für den Kräuterquark Quark mit Petersilie, Schnittlauch und Zitronensaft verrühren und mit Salz und Pfeffer abschmecken. Aubergine mit Linsenfüllung und Kräuterquark servieren.

2 **SmartPoints Wert**   1124 kJ | 269 kcal

Süßkartoffeltacos mit schwarzen Bohnen

Für 4 Personen Fertig in 35 Min. Davon aktiv 15 Min.

350 g Süßkartoffeln
2 TL Olivenöl
1/2 TL geräuchertes Paprikapulver
400 g schwarze Bohnen (Konserve)
1 rote Zwiebel
2 Tomaten
1 Limette
2 EL gehackter Koriander
Salz, Pfeffer
100 g Pflücksalatmischung (Kühltheke)
8 Taco-Schalen
100 g saure Sahne

1 Backofen auf 220° C (Gas: Stufe 4, Umluft: 200° C) vorheizen. Süßkartoffeln schälen, in Stücke schneiden und mit Öl und Paprikapulver mischen. Süßkartoffelwürfel in eine Auflaufform (ca. 20 x 20 cm) füllen, im Backofen auf mittlerer Schiene ca. 20 Minuten garen und ca. 20 Minuten abkühlen lassen.

2 Bohnen abspülen und abtropfen lassen. Zwiebel schälen und fein würfeln. Tomaten waschen und in feine Spalten schneiden. Limette auspressen. Bohnen mit Zwiebelwürfeln, Tomatenspalten, Limettensaft, Koriander und Süßkartoffelwürfeln mischen und mit Salz und Pfeffer abschmecken. Salat waschen und trocken schleudern.

3 Taco-Schalen nach Packungsanweisung erwärmen, mit Süßkartoffelmischung und Salat füllen und mit einem Klecks saurer Sahne beträufeln. Süßkartoffeltacos servieren.

9 **SmartPoints Wert** 1525 kJ | 365 kcal

Linsennudeln mit Zucchini

Für 2 Personen Fertig in 40 Min. Davon aktiv 20 Min.

1 Schalotte
1 Zucchini
1 Handvoll Rucola
1 TL Rapsöl
130 g trockene schwarze Linsennudeln (z. B. von Holo)
Salz, Pfeffer
2 TL Tomatenmark
250 ml Gemüsebrühe (1 TL Instantpulver)
30 g geriebener Parmesan, z. B. Montello

1 Schalotte schälen und in Ringe schneiden. Zucchini waschen, längs halbieren und in Scheiben schneiden. Rucola waschen und trocken schleudern.

2 Öl in einer Pfanne auf mittlerer Stufe erhitzen und Schalottenringe mit Zucchinischeiben darin ca. 5 Minuten anbraten. Nudeln nach Packungsanweisung in Salzwasser garen. Tomatenmark im Gemüse verrühren, mit Brühe ablöschen und 8–10 Minuten köcheln lassen.

3 Nudeln abgießen und unter die Sauce heben. Linsennudeln mit Salz und Pfeffer abschmecken, Rucola unterheben und mit Parmesan bestreut servieren.

8 **SmartPoints Wert** 1439 kJ | 344 kcal

Wusstest du schon?

Linsennudeln werden aus Linsenmehl hergestellt und sind von Natur aus glutenfrei. Es gibt sie im Reformhaus oder Bio-Supermarkt in verschiedenen Sorten: aus roten, grünen und Belugalinsen.

Cannelloni mit Erbsen-Kräuter-Füllung

Für 2 Personen Fertig in 70 Min. Davon aktiv 20 Min.

250 g Erbsen (TK)
Salz, Pfeffer
1 Zwiebel
2 Zucchini
1 TL gehackter Estragon
175 g Frischkäse, bis 5 % Fett absolut
1 Msp. geriebene Muskatnuss
1 TL Rapsöl
1 EL Mehl
150 ml entrahmte Milch
10 trockene Cannelloni
50 g Schafskäse, 25 % Fett i. Tr.

1 Erbsen in Salzwasser ca. 10 Minuten garen. Backofen auf 180° C (Gas: Stufe 2, Umluft: 160° C) vorheizen. Zwiebel schälen und würfeln. Zucchini waschen und raspeln. Erbsen abgießen, pürieren, mit Estragon und Frischkäse vermischen und mit Salz, Pfeffer und Muskatnuss würzen.

2 Öl in einer Pfanne auf mittlerer Stufe erhitzen und Zwiebelwürfel mit Zucchiniraspeln darin ca. 2 Minuten anschwitzen. Mit Mehl bestäuben, mit Milch ablöschen und ca. 5 Minuten köcheln lassen. Cannelloni mit Erbsencreme füllen.

3 Etwas Sauce in eine Auflaufform (ca. 24 x 28 cm) geben, Cannelloni darauflegen und mit restlicher Sauce begießen. Schafskäse zerbröseln und auf den Cannelloni verteilen. Cannelloni im Backofen auf mittlerer Stufe ca. 40 Minuten backen und servieren.

11 **SmartPoints Wert** 2244 kJ | 536 kcal

Kichererbsencurry mit Kurkuma-Zitronen-Reis

Für 4 Personen Fertig in 40 Min. Davon aktiv 25 Min.

500 g Zucchini
1 große Zwiebel
500 g Karotten
1 Knoblauchzehe
1/2 unbehandelte Zitrone
1 große Dose Kichererbsen (480 g Abtropfgewicht)
240 g trockener Langkornreis
Salz, Pfeffer
1/2 TL Kurkuma
1 EL Erdnussöl
2 Curryblätter
2 TL braune Senfkörner
1/4 TL Kreuzkümmel
2 Msp. Chiliflocken
1/2 TL gemahlener Koriander
450 ml Gemüsebrühe (2 TL Instantpulver)
2 EL gehackte Petersilie

1 Zucchini waschen. Zwiebel und Karotten schälen. Zucchini mit Zwiebel würfeln. Karotten längs halbieren und in Scheiben schneiden. Knoblauch hacken. Zitronenschale abreiben und Zitronenhälfte auspressen. Kichererbsen abspülen und abtropfen lassen. Reis nach Packungsanweisung in Salzwasser mit Kurkuma und Zitronenschale garen.

2 Öl in einem Topf auf mittlerer Stufe erhitzen und Zwiebelwürfel, Knoblauch, Curryblätter und Senfkörner darin 2–3 Minuten andünsten. Zucchiniwürfel, Karottenscheiben und Kichererbsen zufügen, mit Kreuzkümmel, Chiliflocken und Koriander würzen, mit Brühe ablöschen und ca. 15 Minuten köcheln lassen.

3 Curryblätter aus dem Curry entfernen. Curry mit Petersilie verfeinern und mit Salz und Pfeffer abschmecken. Reis mit 1 EL Zitronensaft verfeinern und zum Kichererbsencurry servieren.

7 SmartPoints Wert 1984 kJ | 474 kcal

Indisches Linsenpüree mit Spinat

Für 4 Personen Fertig in 55 Min. Davon aktiv 25 Min.

3 rote Zwiebeln
3 TL Erdnussöl
1 grüne Chilischote
30 g frischer Ingwer
2 Knoblauchzehen
50 g frischer Koriander
1 TL Senfkörner
1 EL Garam Masala
1/2 TL Kurkuma
200 g trockene rote Linsen
400 g stückige Tomaten (Konserve)
1/2 TL Zucker
500 ml Wasser
110 g Blattspinat (TK)
Salz
4 kleine Tortilla Wraps
170 g fettarmer Joghurt

1 Zwiebeln schälen und in feine Ringe schneiden. 1 TL Öl in einem Topf auf niedriger Stufe erhitzen, Zwiebelringe darin mit Deckel ca. 20 Minuten unter gelegentlichem Rühren garen, bis die Zwiebeln weich sind und beiseitestellen.

2 Chilischote waschen und entkernen, Ingwer schälen und zusammen mit Knoblauch grob hacken. Koriander waschen, trocken schütteln, Blätter von den Stielen zupfen und beiseitestellen. Korianderstiele mit Chilischote, Ingwer und Knoblauch grob pürieren.

3 Senfkörner fettfrei in einer großen Pfanne auf niedriger bis mittlerer Stufe rösten, bis sie beginnen leicht zu ploppen. Restliches Öl und Knoblauchpaste dazugeben und 1–2 Minuten garen. Garam Masala und Kurkuma dazugeben und ca. 1 Minute weiter garen. Linsen mit Tomaten, Zucker und Wasser in die Pfanne geben, aufkochen und mit Deckel ca. 20 Minuten unter gelegentlichem Rühren garen.

4 Spinat dazugeben und weitere ca. 10 Minuten garen. Korianderblätter grob hacken, die Hälfte unter das Linsenpüree rühren und Püree mit Salz abschmecken. Tortillas nach Packungsanweisung erwärmen, Linsenpüree, Zwiebeln und Joghurt darauf verteilen, mit restlichem Koriander bestreuen und servieren.

6 SmartPoints Wert 1623 kJ | 389 kcal

Erbsenrisotto mit Käse

Für 2 Personen   Fertig in 45 Min.   Davon aktiv 35 Min.

1 Zwiebel
1 TL Olivenöl
120 g trockener Risottoreis
750 ml heiße Gemüsebrühe (3 1/2 TL Instantpulver)
150 g Erbsen (TK)
60 g Camembert, 30 % Fett i. Tr.
1/2 unbehandelte Zitrone
1/4 TL gehacktes Bohnenkraut
Salz, Pfeffer

1 Zwiebel schälen und würfeln. Öl in einem Topf auf mittlerer Stufe erhitzen und Zwiebelwürfel darin glasig andünsten. Reis zugeben, kurz mitdünsten und mit Brühe aufgießen, bis die Reiskörner knapp bedeckt sind. Bei geringer Hitze 25–35 Minuten garen, dabei unter Rühren regelmäßig Brühe nachgießen. Erbsen ca. 5 Minuten vor Ende der Garzeit zugeben und mitgaren.

2 Camembert fein würfeln. 1 Prise Zitronenschale abreiben und Zitronenhälfte auspressen. Risotto mit Camembertwürfeln, Zitronenschale, 2 TL Zitronensaft und Bohnenkraut verfeinern und mit Salz und Pfeffer abschmecken. Erbsenrisotto servieren.

9 SmartPoints Wert   1620 kJ | 387 kcal

Fischfan?

Dann serviere das Risotto mit je 1 Scheibe Räucherlachs – lecker!

Bohnentaler mit Paprikasalat und Frischkäsedip

Für 4 Personen   Fertig in 90 Min.   Davon aktiv 30 Min.

100 g trockener Bulgur
Salz, Pfeffer
100 g Frischkäse, bis 5 % Fett absolut
2 TL süßer Senf
1 Dose Kidneybohnen (250 g Abtropfgewicht)
1 Dose Mais (285 g Abtropfgewicht)
6 EL zarte Haferflocken
1 Ei (Größe M)
3 TL gehackte Petersilie
1/2 TL Kreuzkümmel
je 2 rote und gelbe Paprika
6 EL Gemüsesaft
2 EL Weißweinessig
1 TL Honig
50 ml Gemüsebrühe (1/4 TL Instantpulver)
2 EL Rapsöl

1 Bulgur nach Packungsanweisung in Salzwasser garen. Für den Dip Frischkäse mit Senf verrühren und mit Salz und Pfeffer abschmecken. Bohnen abspülen, mit Mais abtropfen lassen, pürieren und mit Bulgur, Haferflocken, Ei und 2 TL Petersilie verrühren. Masse mit Salz, Pfeffer und Kreuzkümmel würzen und ca. 30 Minuten kalt stellen.

2 Paprika waschen, entkernen und in Streifen schneiden. Für das Dressing Gemüsesaft, Essig, Honig, Brühe und restliche Petersilie verrühren und mit Salz und Pfeffer würzen. Bohnenmasse zu 24 kleinen Talern formen.

3 Öl portionsweise in einer Pfanne auf mittlerer Stufe erhitzen und jeweils 6 Bohnentaler darin ca. 3 Minuten von jeder Seite braten. Paprikastreifen mit Dressing vermischen und mit Bohnentalern und Frischkäsedip servieren.

8 SmartPoints Wert   1925 kJ | 460 kcal

Ready to go

Die Bohnentaler lassen sich auch prima mitnehmen und kalt genießen.

Wrap mit Kichererbsen-Pilz-Talern

Für 2 Personen **Fertig in 20 Min.** **Davon aktiv 20 Min.**

100 g Champignons
1 Schalotte
150 g Kichererbsen (Konserve)
2 EL Gemüsebrühe (1 Prise Instantpulver)
1 TL gehackte Petersilie
Salz, Pfeffer
2 EL Paniermehl
1 TL Olivenöl
1 Handvoll Rucola
1 kleine rote Paprika
2 kleine Tortilla Wraps
2 EL Tomatenmark

1 Champignons trocken abreiben, Schalotte schälen und beides fein würfeln. Kichererbsen abspülen, abtropfen lassen und mit Brühe, Petersilie, Salz und Pfeffer pürieren. Mit Paniermehl, Champignon- und Schalottenwürfeln vermengen und daraus 6 Taler formen.

2 Öl in einer Pfanne auf mittlerer Stufe erhitzen und Taler darin 2–3 Minuten von jeder Seite braten. Rucola waschen und trocken schleudern. Paprika waschen, entkernen und in feine Streifen schneiden.

3 Tortilla Wraps nach Packungsanweisung erwärmen, mit Tomatenmark bestreichen, mit Rucola, Kichererbsen-Pilz-Talern und Paprikastreifen belegen, zusammenrollen und servieren.

6 **SmartPoints Wert** 1393 kJ | 333 kcal

Hirse-Taboulé mit Zitronendip

Für 2 Personen Fertig in 30 Min. Davon aktiv 25 Min.

120 g trockene Hirse
Salz, Pfeffer
150 g Kichererbsen (Konserve)
1 Bund Schnittlauch
1 Salatgurke
150 g Cocktailtomaten
1/2 unbehandelte Zitrone
100 g fettarmer Joghurt
1 TL Olivenöl
1/4 TL Kreuzkümmel
1/2 TL Paprikapulver

1 Hirse nach Packungsanweisung in Salzwasser garen. Kichererbsen abspülen und abtropfen lassen. Schnittlauch waschen, trocken schütteln und in Ringe schneiden. Gurke waschen, längs halbieren, Kerne mit einem Löffel entfernen und Gurke in Scheiben schneiden. Tomaten waschen und vierteln. 1 Msp. Zitronenschale abreiben und Zitronenhälfte auspressen.

2 Für den Dip Joghurt mit Zitronenschale, 1 EL Zitronensaft, Salz und Pfeffer verrühren. Hirse mit Schnittlauch, Gurkenscheiben, Kichererbsen, Tomatenvierteln, Öl, Kreuzkümmel, Paprikapulver und 1 TL Zitronensaft vermischen und mit Salz und Pfeffer abschmecken. Hirse-Taboulé mit Zitronendip servieren.

8 SmartPoints Wert 1721 kJ | 411 kcal

Süßes mit Bohnen & Co.

Erdbeerkuchen mit Cannellini-Bohnen

Für 12 Stücke Fertig in 65 Min. Davon aktiv 15 Min.

1 Vanilleschote
175 g Erdbeeren
800 g Cannellini-Bohnen (Konserve)
120 ml Agavendicksaft
100 g Halbfettmargarine
2 Eier (Größe M)
2 Eiklar (Größe M)
100 g Mehl
2 TL Backpulver
einige Tropfen Bittermandelaroma
1 TL Mandelblättchen
1 TL Puderzucker

1 Backofen auf 180° C (Gas: Stufe 2, Umluft: 160° C) vorheizen. Vanilleschote längs aufschneiden und das Mark herauskratzen. Erdbeeren waschen und halbieren. Bohnen abspülen, abtropfen lassen und mit Agavendicksaft und Margarine pürieren. Eier und Eiklar nacheinander unterrühren.

2 Mehl, Backpulver, Vanillemark und Mandelaroma dazugeben und zu einem glatten Teig verrühren. Teig in eine mit Backpapier ausgelegte hohe Springform (Ø 20 cm) füllen. Erdbeeren mit der Schnittfläche nach oben darauflegen und mit Mandeln bestreuen.

3 Kuchen im Backofen auf mittlerer Schiene 45–50 Minuten backen und ca. 10 Minuten abkühlen lassen. Erdbeerkuchen mit Puderzucker bestäuben, in Stücke schneiden und servieren.

4 SmartPoints Wert 1323 kJ | 316 kcal

Orangen-Pfannkuchen mit Kichererbsenmehl

Für 4 Personen   Fertig in 30 Min.   Davon aktiv 15 Min.

1/2 Vanilleschote
4 Orangen
150 g Kichererbsenmehl
2 Eier (Größe M)
200 ml fettarme Milch
1 EL brauner Zucker
1 Prise Salz
1 TL Backpulver
2 TL Rapsöl
1 EL Puderzucker

1 Vanilleschote längs aufschneiden und das Mark herauskratzen. Orangen schälen, filetieren und mit Vanillemark verrühren. Für den Teig Mehl mit Eiern, Milch, Zucker, Salz und Backpulver verquirlen.

2 Öl portionsweise in einer Pfanne auf mittlerer Stufe erhitzen und darin nacheinander 4 Pfannkuchen backen, dabei ca. 2 Minuten von jeder Seite braten. Fertige Pfannkuchen im Backofen bei 60° C warm stellen.

3 Pfannkuchen mit Orangenfilets belegen und mit Puderzucker bestäuben. Orangen-Pfannkuchen sofort servieren.

7 **SmartPoints Wert** 1402 kJ | 335 kcal

Schokokuchen mit schwarzen Bohnen

Für 12 Stücke **Fertig in 65 Min.** **Davon aktiv 20 Min.**

400 g schwarze Bohnen (Konserve)
5 Eier (Größe M)
2 TL Vanillepaste
100 g Halbfettmargarine
100 g brauner Zucker
50 g Kakaopulver
1 TL Backpulver
1/2 TL Natron
20 g weiße Schokolade
20 g Vollmilch-Schokolade

1 Backofen auf 180° C (Gas: Stufe 2, Umluft: 160° C) vorheizen. Bohnen abspülen, abtropfen lassen und mit 3 Eiern und Vanillepaste pürieren. Margarine mit Zucker schaumig schlagen. Restliche Eier nacheinander unterrühren und mit Bohnenmasse mischen.

2 Kakaopulver, Backpulver und Natron dazugeben und zu einem glatten Teig verrühren. Teig in eine mit Backpapier ausgelegte Springform (Ø 18 cm) füllen und im Backofen auf mittlerer Schiene 40–45 Minuten backen. Kuchen ca. 30 Minuten abkühlen lassen.

3 Schokolade jeweils in einem warmen Wasserbad schmelzen. Eine Gabel in die Schokolade tauchen, mit schnellen Kreisbewegungen über dem Kuchen verteilen, kurz trocknen lassen, in Stücke schneiden und Schokokuchen servieren.

5 **SmartPoints Wert** 699 kJ | 167 kcal

Karottenkuchen mit weißen Bohnen

Für 12 Stücke Fertig in 75 Min. Davon aktiv 15 Min.

300 g Karotten
1 Dose weiße Bohnen
(250 g Abtropfgewicht)
1/2 Zitrone
1 EL Rapsöl
2 Eier (Größe M)
60 g Zucker
75 g Mehl
50 g gemahlene Mandeln
1 Prise Salz
1/2 TL Kurkuma
1/2 TL Zimt
1 TL Backpulver
1 EL Puderzucker

1 Backofen auf 180° C (Gas: Stufe 2, Umluft: 160° C) vorheizen. Karotten schälen, fein raspeln, in ein Küchentuch geben und überschüssige Flüssigkeit ausdrücken. Bohnen abspülen und abtropfen lassen. Zitronenhälfte auspressen.

2 Bohnen, Zitronensaft und Öl pürieren. Eier mit Zucker schaumig schlagen, mit Mehl, Mandeln, Salz, Kurkuma, Zimt, Backpulver und Bohnenmasse verrühren und Karottenraspel unterheben.

3 Teig in eine mit Backpapier ausgelegte Kastenform (Länge 30 cm) geben, glatt streichen, im Backofen auf mittlerer Schiene ca. 60 Minuten backen und ca. 20 Minuten auskühlen lassen. Karottenkuchen mit Puderzucker bestäuben, in Stücke schneiden und sofort servieren.

3 SmartPoints Wert 530 kJ | 127 kcal

Weiße Schoko-Blondies mit Kichererbsen

Für 18 Stücke   Fertig in 65 Min.   Davon aktiv 20 Min.

400 g Kichererbsen (Konserve)
3 Eier (Größe M)
60 g Halbfettmargarine
1 1/2 TL Bittermandelaroma
50 g Zucker
75 g brauner Zucker
1 TL Backpulver
65 g gemahlene Mandeln
90 g weiße Schokoladentropfen

1 Backofen auf 180° C (Gas: Stufe 2, Umluft: 160° C) vorheizen. Kichererbsen abspülen, abtropfen lassen, mit 1 Ei und Margarine pürieren und mit Mandelaroma verrühren.

2 Zucker mit restlichen Eiern schaumig schlagen. Kichererbsenmasse, Backpulver, Mandeln und 70 g Schokoladentropfen unterrühren. Teig in eine mit Backpapier ausgelegte eckige Springform (ca. 25 x 25 cm) füllen und im Backofen auf mittlerer Schiene 35–40 Minuten backen. Kuchen ca. 30 Minuten abkühlen lassen.

3 Restliche Schokolade in einem warmen Wasserbad schmelzen. Eine Gabel in die Schokolade tauchen, mit schnellen Zick-Zack-Bewegungen über dem Kuchen verteilen, kurz trocknen lassen, in Stücke schneiden und Schoko-Blondies servieren.

4 SmartPoints Wert   568 kJ | 136 kcal

SmartPoints Register

								Seite
1	Italienische Fischsuppe			●	●	●		49
	Mexikanisches Gemüseblech mit Bohnen und Mais	●	●			●		66
	Pikanter Kichererbsen-Linsen-Salat					●		45
	Puten-Schalotten-Spieße mit Linsensalat					●		29
2	Aubergine mit Linsenfüllung	●		●		●		77
	Falafelsalat mit Joghurt-Minz-Dressing	●	●	●	●	●		54
	Gemischter Bohnensalat mit Schafskäse	●				●		69
	Jakobsmuschelspieße auf Puy-Linsen					●		22
3	Karottenkuchen mit weißen Bohnen	●			●		●	105
	Steak-Fenchel-Salat mit Linsen und Grapefruit			●	●	●		18
4	Erdbeerkuchen mit Cannellini-Bohnen	●						98
	Linsen-Graupen-Eintopf					●	●	50
	Röstkarotten-Hummus mit Pumpernickel	●	●		●	●		73
	Weiße Schoko-Blondies mit Kichererbsen	●						106
5	Brasilianische Feijoada					●		38
	Schokokuchen mit schwarzen Bohnen	●						102
6	Chili con Carne mit Putenbrust					●	●	10
	Chipotle-Hähnchen mit schwarzen Bohnen				●	●		25
	Garnelenspieße mit Bohnen					●		42
	Grünkohl-Linsen-Eintopf mit Schinken					●	●	33
	Indisches Linsenpüree mit Spinat	●						86
	Linsen-Pilz-Salat mit Rucola	●				●		60
	Orientalischer Couscous-Kichererbsen-Salat	●	●					58
	Wrap mit Kichererbsen-Pilz-Talern	●	●			●		93

einfrieren

								Seite
7	Erbsensuppe mit Geflügelwürstchen					●	●	26
	Kichererbsencurry mit Kurkuma-Zitronen-Reis	●	●				●	85
	Linsencurry mit Seelachs					●		37
	Orangen-Pfannkuchen mit Kichererbsenmehl	●		●		●		101
	Samosas mit Kartoffel-Erbsen-Füllung	●						65
	Spinat-Tomaten-Lasagne mit Linsen	●				●	●	70
	Überbackene Hähnchenburritos mit Mais					●		21
8	Bohnentaler mit Paprikasalat und Frischkäsedip	●				●		90
	Dicke-Bohnen-Pfanne mit Spätzle	●				●		62
	Erbsen-Quinoa-Burger mit Minze	●				●		74
	Hirse-Taboulé mit Zitronendip	●		●		●		94
	Kichererbsen-Hack-Auflauf					●		13
	Lamm mit Perlcouscous und Kichererbsen					●		30
	Linsennudeln mit Zucchini	●				●		81
	Pfannenlasagne mit Linsen					●		14
9	Bohnen-Quesadillas mit Süßkartoffel	●				●		57
	Erbsenrisotto mit Käse	●				●		89
	Kasseler mit Dicken Bohnen					●		34
	Süßkartoffeltacos mit schwarzen Bohnen	●				●		78
10	Steakwraps mit Kidneybohnenpaste					●		41
	Süßkartoffel-Bohnen-Curry mit Schweinefilet							17
11	Cannelloni mit Erbsen-Kräuter-Füllung	●				●		82
	Lammkarree mit grünen Bohnen					●		46

Die Kennzeichnung wie zum Beispiel „vegetarisch“, „vegan“, „gluten-“, „laktose-“ oder „nussfrei“ bei den Rezepten ist rein informativ und nicht verbindlich. Es liegt in der persönlichen Verantwortung zu prüfen, ob die verwendeten Lebensmittel die Anforderungen erfüllen.

Alphabetisches Register

A
Aubergine mit Linsenfüllung 77

B
Bohnen-Quesadillas mit Süßkartoffel 57
Bohnentaler mit Paprikasalat und Frischkäsedip 90
Brasilianische Feijoada 38

C
Cannelloni mit Erbsen-Kräuter-Füllung 82
Chili con Carne mit Putenbrust 10
Chipotle-Hähnchen mit schwarzen Bohnen 25

D
Dicke-Bohnen-Pfanne mit Spätzle 62

E
Erbsen-Quinoa-Burger mit Minze 74
Erbsenrisotto mit Käse 89
Erbsensuppe mit Geflügelwürstchen 26
Erdbeerkuchen mit Cannellini-Bohnen 98

F
Falafelsalat mit Joghurt-Minz-Dressing 54

G
Garnelenspieße mit Bohnen 42
Gemischter Bohnensalat mit Schafskäse 69
Grünkohl-Linsen-Eintopf mit Schinken 33

H
Hirse-Taboulé mit Zitronendip 94

I
Indisches Linsenpüree mit Spinat 86
Italienische Fischsuppe 49

J
Jakobsmuschelspieße auf Puy-Linsen 22

K
Karottenkuchen mit weißen Bohnen 105
Kasseler mit Dicken Bohnen 34
Kichererbsencurry mit Kurkuma-Zitronen-Reis 85
Kichererbsen-Hack-Auflauf 13

L
Lammkarree mit grünen Bohnen 46
Lamm mit Perlcouscous und Kichererbsen 30
Linsencurry mit Seelachs 37
Linsen-Graupen-Eintopf 50
Linsennudeln mit Zucchini 81
Linsen-Pilz-Salat mit Rucola 60

M
Mexikanisches Gemüseblech mit Bohnen und Mais 66

O

Orangen-Pfannkuchen mit Kichererbsenmehl 101
Orientalischer Couscous-Kichererbsen-Salat 58

P

Pfannenlasagne mit Linsen 14
Pikanter Kichererbsen-Linsen-Salat 45
Puten-Schalotten-Spieße mit Linsensalat 29

R

Röstkarotten-Hummus mit Pumpernickel 73

S

Samosas mit Kartoffel-Erbsen-Füllung 65
Schokokuchen mit schwarzen Bohnen 102
Spinat-Tomaten-Lasagne mit Linsen 70
Steak-Fenchel-Salat mit Linsen und Grapefruit 18
Steakwraps mit Kidneybohnenpaste 41
Süßkartoffel-Bohnen-Curry mit Schweinefilet 17
Süßkartoffeltacos mit schwarzen Bohnen 78

U

Überbackene Hähnchenburritos mit Mais 21

W

Weiße Schoko-Blondies mit Kichererbsen 106
Wrap mit Kichererbsen-Pilz-Talern 93

Impressum

Redaktion
WW Deutschland
Claudia Braun, Iris Hermann, Claudia Thienel

Rezepte & Realisierung
Food Professionals Köhnen GmbH, Sprockhövel
Silke Höpker, Nathalie Kirsch, Dorothe Trzensimiech

Fotografie
Klaus Arras, Michael Bernhardi, Florian Bonanni, Carsten Eichner, Andreas Ketterer, Tobias Pankrath, Dirk Przibylla, Hubertus Schüler, WW International

Foodstyling
Myriam Banderob, Ingo Breuer, Katja Briol, Marc Fleischer, Maren Jahnke, Thomas Lauterbach, Evelyn Layher, Stefan Mungenast, Jörg Schmitz

Bildnachweise
WW International

Gestaltungskonzept & Grafik
Niehaus Knüwer and friends GmbH
Werbeagentur, Düsseldorf
Food Professionals Köhnen GmbH, Sprockhövel

Druck
paffrath print & medien GmbH, Remscheid

1. Auflage 2019

WW (Deutschland) GmbH
www.ww.com
Info-Hotline 0211-3805 3813
ISBN 978-3-9819029-8-3

PEFC zertifiziert. Dieses Papier stammt aus nachhaltig bewirtschafteten Wäldern und kontrollierten Quellen. www.pefc.de